LES MEILLEURES CITATIONS POUR UNE PAIX INTÉRIEURE

365 citations pour
éclairer votre journée !

Éditeur : BoD-Books on Demand,
12/14 rond point des Champs Élysées,
75008 Paris, France
Impression : BoD-Books on Demand,
Norderstedt, Allemagne

ISBN : 978-2-322-08338-1

Dépôt légal : septembre 2017

« Être en paix avec soi-même est le plus sûr moyen de commencer à l'être avec les autres. »
Luis de Leon

Débutez votre journée avec une citation en suivant ce livre comme un calendrier ou bien choisissez une page en laissant le « hasard » vous guider !

Dans ce jardin de sagesse, je vous invite à cueillir ces maximes, proverbes, citations d'illustres personnalités. Une sélection rigoureuse pour vous amener à la médiation et à la réflexion sur votre chemin de vie. Je vous souhaite une agréable et paisible balade parmi ces paroles éclairées !

Jour 1 : Soyez à vous-mêmes votre propre refuge. Soyez à vous-mêmes votre propre lumière. **Bouddha**

Jour 2 : Ce n'est pas parce que les choses sont difficiles que nous n'osons pas, c'est parce que nous n'osons pas qu'elles sont difficiles. **Sénèque**

Jour 3 : Choisis un travail que tu aimes et tu n'auras pas à travailler un seul jour de ta vie. **Confucius**

Jour 4 : Dans 20 ans, vous serez plus déçu par les choses que vous n'avez pas faites, que par celles que vous avez faites. Alors, sortez des sentiers battus. Mettez les voiles. Explorez. Rêvez. Découvrez. **Mark Twain**

Jour 5 : La vie est un défi à relever, un bonheur à mériter, une aventure à tenter.
Mère Teresa

Jour 6 : La confiance en soi est le premier secret du succès.
Ralph Waldo Emerson

Jour 7 : N'essayez pas de devenir un homme qui a du succès. Essayez de devenir un homme qui a de la valeur.
Albert Einstein

SEMAINE 2

Jour 8 : Ton avenir est créé par ce que tu fais aujourd'hui, pas demain. **Robert T. Kiyosaki**

Jour 9 : Je n'ai pas échoué. J'ai trouvé 10 000 façons de faire qui ne fonctionnent pas.
Thomas Edison

Jour 10 : Ce qui te manque, cherche-le dans ce que tu as.
Koan Zen

Jour 11 : Quand tout semble aller contre toi, souviens-toi que l'avion décolle contre le vent, pas avec. **Henry Ford**

Jour 12 : La sagesse commence dans l'émerveillement. **Socrate**

Jour 13 : De la méditation naît la sagesse. **Bouddha**

Jour 14 : Il faut rire avant d'être heureux, de peur de mourir sans avoir ri. **Jean de La Bruyère**

Jour 15 : J'ai décidé d'être heureux parce que c'est bon pour la santé. **Voltaire**

Jour 16 : Le bonheur est une petite chose que l'on grignote, assis par terre, au soleil. **Jean Giraudoux**

Jour 17 : La Vie te donnera l'expérience qui est la mieux adaptée pour l'évolution de ta conscience. **Eckhart Tolle**

Jour 18 : Je deviens ce que je vois en moi même. Tout ce que la pensée me suggère, je peux le faire, tout ce que la pensée me révèle, je peux le devenir. Telle devrait être l'inébranlable foi de l'homme en lui-même, car Dieu habite en lui. **Sri Aurobindo**

Jour 19 : Fais preuve de gentillesse envers tous ceux que tu rencontres. Leur combat est peut-être plus dur que le tien. **Platon**

Jour 20 : La défaite ne peut être une option. Retire-la de ton esprit. **Joan Lunden**

Jour 21 : Pour surmonter les obstacles, il faut faire de chaque échec un tremplin, savoir en tirer une leçon et avancer plus loin. **Anthony Robbins**

Jour 22 : Ne te demande pas ce dont le monde a besoin, demande-toi ce qui te rend vivant, et ensuite vas-y et fais-le. Car ce dont le monde a besoin c'est de personnes vivantes.
Thurman Whitman

Jour 23 : L'amour est le remède miracle. S'aimer soi-même fait des miracles dans nos vies.
Louise Hay

Jour 24 : Le meilleur remède pour ceux qui sont dans la peur, dans la solitude ou malheureux est d'aller à l'extérieur, dans un endroit où ils peuvent être silencieux, seul avec le ciel, la nature et le divin. Car c'est seulement alors que l'on sent que

tout est comme il se doit.
Anne Frank

Jour 25 : Le Destin n'est pas fait pour nous écraser ni pour nous punir. Il est fait pour nous contraindre à grandir. **Satprem**

Jour 26 : N'attendez pas jusqu'à ce que tout soit parfait. Ca ne sera jamais parfait. Il y aura toujours des défis, des obstacles et des conditions moins idéales. Et alors. Commencez dès maintenant. Avec chaque pas que vous prenez, vous grandirez plus fort et plus fort, plus qualifiés, plus confiant et avec de plus de succès.
Mark Victor Hansen

Jour 27 : La vie est pleine de beauté. Remarquez-le. Remarquez le bourdon, le petit enfant et les visages souriants.

Sentez l'odeur de la pluie et sentez le vent. Vivez votre vie à votre plein potentiel et persévérez dans vos rêves. Ashley Smith Jour 28 : Le succès est simple... Faire ce qui est juste, de la bonne façon, et au bon moment. Arnold **H. Glasgow**

SEMAINE 5

Jour 29 : C'est l'attitude mentale victorieuse, la conscience de sa puissance, le sentiment de maîtrise, qui fait de grandes choses dans ce monde. **Orison S. Marden**

Jour 30 : Nous ne pouvons pas changer notre passé... nous ne pouvons pas changer le fait que les gens agiront d'une certaine manière. Nous ne pouvons pas changer l'inévitable. La seule chose que nous pouvons faire est de jouer sur la seule corde que nous avons, et c'est notre attitude. Je suis convaincu que la vie est de 10 % ce qui m'arrive et 90 % de comment je réagis à cela. Et c'est ainsi avec vous... nous sommes responsables de nos Attitudes.

Charles R. Swindoll

Jour 31 : La paix ne peut être atteinte par la violence, elle ne peut être atteinte que grâce à la compréhension.

Ralph Waldo Emerson

Jour 32 : Les gens qui vivent dans la terreur de l'échec ne réalisent jamais leur potentiel. Si l'on apprend pas à échouer, on échoue à apprendre.

Tal Ben Shahar

Jour 33 : L'homme devient souvent ce qu'il croit être. Si je continue à me dire que je ne peux pas faire une certaine chose, il est possible que je puisse finir par devenir vraiment incapable de le faire. Au contraire, si j'ai la conviction que je peux le faire, je vais sûrement acquérir la capacité de le faire, même si je ne peux pas l'avoir dès le début. **Mahatma Gandhi**

Jour 34 : Il y a un spectacle plus grandiose que la mer ; C'est le ciel. Il y a un spectacle plus grandiose que le ciel ; C'est l'intérieur de l'âme. **Victor Hugo**

Jour 35 : Vous êtes aujourd'hui où vos pensées vous ont menés ; vous serez demain où vos pensées vous mèneront.
James Allen

Jour 36 : Nos habitudes sont souvent plus fortes que notre volonté...On dit et fait alors des choses qu'on ne voudrait pas faire pour le regretter par la suite. La Réflexion méditative, la pleine conscience et la lecture amènent au calme. Le calme amène à la Reconnaissance, à l'acceptation et à la compréhension de l'émotion en cause. **Thich Nhat Hanh**

Jour 37 : Ressens la connexion avec tout ce qui existe et connais naturellement le pouvoir paisible et l'efficacité qui t'appartiennent. Améliore la vie des autres et ta propre vie en bénéficiera grandement.
Ralph S. Marston Jr

Jour 38 : Vous êtes un aimant vivant. Vous attirez dans votre vie des personnes, des situations et des circonstances en harmonie avec vos pensées dominantes. Tout ce que votre conscient ressasse se développe au cours de votre expérience. **Brian Tracy**

Jour 39 : Le ciel n'aide jamais l'homme qui ne veut pas s'aider lui-même. **Sophocle**

Jour 40 : Ce que tu ne sais pas, tu peux l'apprendre. Ce que tu n'as pas, tu peux travailler à le créer ou à l'acquérir. L'expérience que tu recherches se dévoile à chaque instant.
Ralph S. Marston Jr

Jour 41 : Heureux sont ceux qui rêvent des rêves et sont prêts à payer le prix pour les exaucer.
Leon J. Suenes

Jour 42 : Personne ne peut perdre de vue ce qu'il désire. Même si à certains moments on croit que le monde et les autres sont les plus forts. Le secret est le suivant, ne pas renoncer.
Paulo Coelho

SEMAINE 7

Jour 43 : L' amour et le désir sont les ailes de l'esprit aux grandes réalisations.
Johann Wolfgang von Goethe

Jour 44 : Nous ne devons pas faire faillite de notre aujourd'hui en payant des intérêts sur les regrets d'hier et en empruntant à l'avance les problèmes de demain. **Ralph W. Sockman**

Jour 45 : Laissez le mental couler comme l'eau. Fait face à la Vie avec un esprit calme et tranquille et tout dans la vie sera calme et tranquille.
Thich Thien-An

Jour 46 : Être créatif signifie 'Aimer la Vie'. Vous pouvez être créatif seulement si vous aimez suffisamment la vie pour souhaiter en améliorer sa beauté. Vous désirez y apporter un peu plus de musique, un peu plus de poésie, un peu plus de Danse.
Osho

Jour 47 : La vie est toujours en devenir, mais il ne faut jamais oublier de la vivre au présent.
Jacques Salomé

Jour 48 : L'important est de faire le premier pas. Surmonter bravement une petite peur te donnera le courage d'affronter la suivante. **Daisku Ikeda**

Jour 49 : l'action n'apporte pas toujours le bonheur, mais il n'est pas de bonheur sans l'action.
B.Disraeli

SEMAINE 8

Jour 50 : Il n'est point de bonheur sans liberté, ni de liberté sans courage. **Périclès**

Jour 51 : L'abeille laborieuse n'a pas le temps d'être triste.
William Blake

Jour 52 : N'attendez pas d'être heureux pour sourire, souriez plutôt afin d'être heureux.
Edward L.Kramer

Jour 53 : Vide ton esprit de toi-même. **Précepte bouddhiste.**

Jour 54 : Le bonheur, c'est le plaisir sans remords. **Socrate**

Jour 55 : Le malheur peut être un pont vers le bonheur. **Proverbe japonais**

Jour 56 : L'échec est le fondement de la réussite. **Lao-Tseu**

SEMAINE 9

Jour 57 : Après l'orage vient le calme. **Tobie**

Jour 58 : Garde au sein du malheur l'espérance et la foi :

tout pauvre peut trouver un plus pauvre que soi.
Don Juan Manuel

Jour 59 : Quand une porte se ferme, une autre s'ouvre.
Cervantès

Jour 60 : La santé se mesure à l'amour du matin et du printemps. **H.-D Thoreau**

Jour 61 : La santé, c'est un esprit sain dans un corps sain.
Homère

Jour 62 : Remets-toi à ces trois médecins : la gaieté, le repos, et une juste diète. **Proverbe latin**

Jour 63 : C'est dans le malheur qu'on reconnaît ses amis.
Euripide

Jour 64 : Il est plus doux de donner que de recevoir. **Epicure**

Jour 65 : Le meilleur moyen de se défaire de ses ennemis, c'est de s'en faire des amis. **Henri IV**

Jour 66 : A l'hôtel de la décision les gens dorment bien.
Proverbe persan

Jour 67 : Ce n'est pas parce que les choses sont difficiles que nous n'osons pas, c'est parce que nous n'osons pas qu'elles sont difficiles. **Sénèque**

Jour 68 : Ne dis pas peu de choses en beaucoup de mots,

mais dis beaucoup de choses en peu de mots. **Pythagore**

Jour 69 : Connaître les autres, c'est sagesse. Se connaître soi-même, c'est sagesse supérieure. **Lao-Tseu**

Jour 70 : Pourquoi voyez-vous la paille qui est dans l'œil de votre frère et non la poutre qui est dans le vôtre. **Matthieu**

SEMAINE 11

Jour 71 : L'homme supérieur ne se tourmente pas. **Confucius**

Jour 72 : Sois donc un promontoire sur lequel sans cesse se brisent les vagues. **Marc Aurèle**

Jour 73 : Sur les ailes du temps, la tristesse s'envole. **La Fontaine**

Jour 74 : L'idéal, c'est l'indifférence du surhomme, qui laisse tourner la roue cosmique. **Tchouang-Tseu**

Jour 75 : Le génie est fait de un pour cent d'inspiration et de quatre-vingt-dix-neuf pour cent de transpiration. **Thomas Edison**

Jour 76 : Un voyage de mille li a commencé par un pas. **Lao-Tseu**

Jour 77 : Au pays de l'espoir il n'y a pas d'hiver. **Proverbe russe**

Jour 78 : Sache maîtriser quatre choses : l'estomac, le sommeil, la sexualité, et l'emportement.
Pythagore

Jour 79 : Celui qui connaît l'art de vivre avec soi-même ignore l'ennui. **Erasme**

Jour 80 : L'éternité n'est rien d'autre que la parfaite possession de soi en un seul et même instant. **Saint Augustin**

Jour 81 : La luminosité de la méditation ressemble au flot de la rivière. **Milarepa**

Jour 82 : Semez l'amour, récoltez la paix... Semez la

méditation, récoltez la sagesse.
Swami Sivananda

Jour 83 : Tout acte d'amour est une œuvre de paix. Sa grandeur ou sa petitesse importe peu.
Mère Teresa

Jour 84 : L'expérience ce n'est pas ce qui arrive à un homme, c'est ce qu'un homme fait avec ce qui lui arrive. **Aldous Huxley**

SEMAINE 13

Jour 85 : Les petites choses n'ont l'air de rien, mais elles donnent la paix.
Georges Bernanos

Jour 86 : La vie harmonieuse est un équilibre entre l'activité et la passivité. **Osho Rajneesh**

Jour 87 : Le premier devoir, sans doute, est d'être juste ; Et le premier des biens est la paix de nos cœurs. **Voltaire**

Jour 88 : S'asseoir tranquillement, ne rien faire. Vient le printemps, et l'herbe pousse d'elle-même. **Dicton zen**

Jour 89 : Méditez au fond de votre cœur. Sachez en toute relation donner et recevoir. Dans le dialogue, soyez vrai et faites confiance. **Tao Te King**

Jour 90 : Plus l'homme possède, moins il se possède. **Arturo Graf**

Jour 91 : Avec un morceau de pain, on trouve son paradis sous un sapin. **Proverbe russe**

SEMAINE 14

Jour 92 : Sachez bien que nos amis préfèrent infiniment discourir sur leurs propres mérites que d'écouter le récit des nôtres. **Dale Carnegie**

Jour 93 : La plus grande découverte de notre génération a été de s'apercevoir qu'un homme peut changer sa vie en modifiant sa façon de penser.
Williams James

Jour 94 : Préparez votre esprit à recevoir ce que la vie a de mieux à offrir. **Ernest Holmes**

Jour 95 : Vous êtes maître de votre vie, et qu'importe votre prison, vous en avez les clefs.
Hervé Desbois

Jour 96 : Tous les jours et à tous points de vue, je vais de mieux en mieux. **Emile Coué**

Jour 97 : S'il est un livre que vous devez lire en particulier, il sera placé entre vos mains au moment opportun.
Wallace Wattles

Jour 98 : Faites que le rêve dévore votre vie, afin que la vie ne dévore pas votre rêve.
Antoine de Saint-Exupéry

Jour 99 : Renoncez à votre intention d'obtenir, remplacez-là par l'intention de donner, et vous recevrez ce à quoi vous avez renoncé. **Vadim Zeland**

Jour 100 : Entre Possible et Impossible, deux lettres et un état d'esprit. **Charles De Gaulle**

Jour 101 : Rire, c'est refuser de se laisser aigrir par notre impuissance et nos échecs, c'est montrer que la vie reste la plus forte et qu'en son centre, on a placé la joie. **Alexandre Jollien**

Jour 102 : Croyez en vos rêves et ils se réaliseront peut-être.

Croyez en vous et ils se réaliseront sûrement. **Martin Luther King**

Jour 103 : Tu ne sais jamais à quel point tu es fort, jusqu'au jour où être fort reste ta seule option. **Bob Marley**

Jour 104 : Qui sourit trois fois par jour n'a pas besoin de médicaments. **Proverbe chinois**

Jour 105 : Quelle que soit la raison ou la peur, il faudra la dépasser. **Anthony Robbins**

SEMAINE 16

Jour 106 : Notre plus grand mérite n'est pas de ne jamais

tomber, mais de nous relever à chaque fois.
Ralph Waldo Emerson

Jour 107 : Ne crains pas d'avancer lentement, crains seulement de t'arrêter.
Proverbe chinois

Jour 108 : Celui qui a un ami véritable n'a pas besoin d'un miroir. **Proverbe indien**

Jour 109 : Un mot aimable est comme un jour de printemps.
Proverbe russe

Jour 110 : Chaque matin nous renaissons à nouveau. Ce que nous faisons aujourd'hui est ce qui importe le plus. **Bouddha**

Jour 111 : Celui qui veut atteindre un objectif lointain doit faire des petits pas. **Saul bellow**

Jour 112 : L'essentiel n'est pas de vivre, c'est avoir une raison de vivre. **Jean Giono**

SEMAINE 17

Jour 113 : Ce que nous sommes est le résultat de ce que nous avons pensé. **Bouddha**

Jour 114 : Il vaut mieux suivre le bon chemin en boitant que le mauvais d'un pas ferme. **Saint Augustin**

Jour 115 : Je suis le maître de mon destin, le capitaine de mon âme. **Henley**

Jour 116 : Un pessimiste voit la difficulté dans chaque opportunité, un optimiste voit l'opportunité dans chaque difficulté. **Winston Churchill**

Jour 117 : Avec le temps et la patience, la feuille du mûrier devient de la soie.
Proverbe chinois

Jour 118 : Tout ce qui peut être fait un autre jour, le peut être aujourd'hui. **Montaigne**

Jour 119 : Il est bien des choses qui ne paraissent impossibles que tant qu'on ne les a pas tentées. **Andrée Gide**

Jour 120 : Les temps sont courts à celui qui pense, et interminables à celui qui désire. **Alain Fournier**

Jour 121 : Rien n'est plus facile que de critiquer ! La difficulté réside à convertir ce qui est négatif en positif. **Will Rogers**

Jour 122 : La meilleure façon de réaliser ses rêves, c'est de se réveiller ! **Paul Valéry**

Jour 123 : Tout âge porte ses fruits, il faut savoir les cueillir. **Raymond Radiguet**

Jour 124 : Les plus pessimistes d'aujourd'hui ont été les plus

optimistes autrefois. Ils poursuivaient de vaines illusions. L'échec les a découragés.
Hou Che

Jour 125 : On a toujours assez de temps quand on en fait un bon usage. **J.W Von Goethe**

Jour 126 : L'amour ne se mesure pas, il se donne.
Mère Teresa

SEMAINE 19

Jour 127 : Etre libre, ce n'est pas seulement se débarrasser de ses chaînes ; c'est vivre d'une façon qui respecte et renforce la liberté des autres.
Nelson Mandela

Jour 128 : Il n'y a point de chemin vers le bonheur, le bonheur est le chemin. **Lao Tseu**

Jour 129 : Le sens de la vie, c'est justement de s'amuser avec la vie. **Milan Kundera**

Jour 130 : Si vous voulez être heureux, soyez-le. **Léon Tolstoï**

Jour 131 : Tout homme veut être heureux ; mais, pour parvenir à l'être, il faudrait commencer par savoir ce qu'est le bonheur. **Jean-Jacques Rousseau**

Jour 132 : Le bonheur, c'est du bien-être dont on prend conscience. **Christophe André**

Jour 133 : Le bonheur, on ne le trouve pas, on le fait. Le bonheur

ne dépend pas de ce qui nous manque, mais de la façon dont nous nous servons de ce que nous possédons.
Arnaud Desjardins

SEMAINE 20

Jour 134 : Tout le monde a une mission dans la vie... Un don unique ou un talent spécial à offrir à autrui.
Dr Deepak Chopra

Jour 135 : Quelle vie merveilleuse fut la mienne, si seulement je m'en étais rendue compte plus tôt ! **Colette**

Jour 136 : Comme du sein de la terre on sort de l'or et des diamants, ainsi, du plus profond de toi-même, il y a des trésors

qu'il faut amener vers la lumière.
Goethe

Jour 137 : Ce qui est se tient derrière nous et ce qui se tient devant nous est peu de choses comparé à ce qui est en nous.
Ralph Waldo Emerson

Jour 138 : Tout le monde est un génie. Mais si vous jugez un poisson sur ses capacités à grimper à un arbre, il passera sa vie à croire qu'il est stupide.
Albert Einstein

Jour 139 : Il y a dans chaque être humain une force intérieure qui, une fois libérée, peut faire de chaque vision, rêve ou désir, une réalité. **Anthony Robbins**

Jour 140 : Au bout du chemin, il se peut que le pessimiste ait

raison, mais l'optimiste aura mieux profité du voyage.
Daniel L.Reardon

SEMAINE 21

Jour 141 : Ce sont nos représentations qui nous enferment. Nous vivons plus dans l'échafaudage de nos représentations que dans la réalité objective. Le réel, lui, n'a ni porte, ni fenêtre, il est l'infini de l'infini des possibles.
Christiane Singer

Jour 142 : Un optimiste, c'est un homme qui plante deux glands et qui s'achète un hamac.
Jean de Lattre de Tassigny

Jour 143 : Si vous voulez vivre une vie heureuse, attachez-la à un but, et non à des personnes ou des choses. **Albert Einstein**

Jour 144 : Observez un homme réellement heureux, vous le verrez construire un bateau, écrire un morceau de musique, éduquer son fils, cultiver des dahlias doubles dans son jardin ou chercher des œufs de dinosaure dans le désert de Gobi. **W.Beran Wolfe**

Jour 145 : Je me disais : « Quelqu'un devrait faire quelque chose », et soudain, j'ai pensé que je pourrais être ce quelqu'un. **Anonyme**

Jour 146 : De temps à temps, il nous faut faire une pause pour permettre à notre âme de nous rejoindre. **Proverbe indien**

Jour 147 : Juste être là : la vie comme un exercice de pleine conscience. **Christophe André**

SEMAINE 22

Jour 148 : Le monde est plein de choses magiques qui attendent patiemment que nos sens s'aiguisent. **W.R.Yeats**

Jour 149 : Un rituel, c'est ce qui rend un jour différent des autres jours, une heure différente des autres heures.
Antoine de Saint-Exupéry

Jour 150 : Il y a des épidémies de tout ordre ; le goût du sport est une épidémie de santé.
Jean Giraudoux

Jour 151 : La beauté qui sauvera le monde c'est la générosité, le partage, la compassion, toutes ces valeurs qui amènent une énergie fabuleuse qui est celle de l'amour. **Pierre Rabhi**

Jour 152 : Le bonheur est un parfum que l'on peut répandre sur autrui sans en faire rejaillir quelques gouttes sur soi-même. **Ralph Waldo Emerson**

Jour 153 : Le ressentiment, c'est comme boire du poison en espérant tuer vos ennemis. **Nelson Mandela**

Jour 154 : Si la gratitude n'est pas le bonheur lui-même, elle en a le goût. **Robert Emmons**

Jour 155 : Exprimez votre gratitude aussi souvent que possible. Nous prenons trop souvent nos vies pour des évidences. Apprenez à apprécier et à savourer les merveilleuses choses de la vie, des gens à la nourriture, de la nature à un simple et pourtant magique sourire. **Tal Ben-Shahar**

Jour 156 : Nous ne saurons jamais tout le bien qu'un simple sourire peut faire. **Mère Teresa**

Jour 157 : Mon occupation préférée ? Rire ! **Le Dalaï-lama**

Jour 158 : Vivre en pleine conscience, ralentir son pas et

goûter chaque seconde et chaque respiration, cela suffit.
Thich Nhat Hanh

Jour 159 : Il faut avoir un chaos en soi pour mettre au monde une étoile dansante...
Alexandre Jollien

Jour 160 : L'herbe est toujours plus verte chez les autres... jusqu'à ce qu'on découvre que c'est du gazon artificiel.
Jacques Salomé

Jour 161 : L'amour pour épée, l'humour pour bouclier !
Bernard Werber

Jour 162 : Il n'y a qu'une chose qui puisse rendre un rêve impossible : c'est la peur d'échouer. **Paulo Coelho**

Jour 163 : Plutôt que l'amour, que l'argent, que la gloire, donnez-moi la vérité.
Henry David Thoreau

Jour 164 : Aussi passe-ton une bonne partie de sa vie à sarcler ce que l'on a laissé pousser dans son cœur pendant son adolescence. Cette opération s'appelle acquérir de l'expérience.
Honoré de Balzac

Jour 165 : Il n'y a pas de réussite facile ni d'échecs définitifs. **Marcel Proust**

Jour 166 : Tu seras aimé lorsque tu pourras montrer ta faiblesse sans que l'autre s'en serve pour affirmer sa force. **Adorno**

Jour 167 : La qualité d'un homme se calcule à sa démesure ; tentez, essayez, échouez même, ce sera votre réussite. **Jacques Brel**

Jour 168 : Il ne faut pas continuer sa vie, Il faut chaque fois la recommencer. **Barbara**

SEMAINE 25

Jour 169 : Le bonheur appartient à ceux qui se racontent de succulentes histoires et qui ont la ressource - ou le courage - d'y croire !
Alexandre Jardin

Jour 170 : La douleur nous apprend à mieux connaître la vie. **Platon**

Jour 171 : Plus grand est l'obstacle, et plus grande est la gloire de le surmonter. **Molière**

Jour 172 : On ne peut s'intéresser qu'à ce qu'on croit vrai. **Denis Diderot**

Jour 173 : Dépêchez vous de succomber à la tentation avant qu'elle ne s'éloigne. **Giacomo Casanova**

Jour 174 : Vivez les rêves que la vie vous défie de rêver. **Martin Luther King**

Jour 175 : On ne possède pas le bonheur comme une acquisition

définitive. Il s'agit à chaque instant de faire jaillir une étincelle de joie. Ne l'oublions pas : "Souris au monde et le monde te sourira."
Sœur Emmanuelle

SEMAINE 26

Jour 176 : Sentir, dans son cœur vif, l'air, le feu et le sang. Tourbillonner ainsi que le vent sur la terre. S'élever au réel et pencher au mystère, être le jour qui monte et l'ombre qui descend. **Anna de Noailles**

Jour 177 : Change ta vie aujourd'hui. Ne parie pas sur le futur, agis maintenant, sur-le-champ. **Simone de Beauvoir**

Jour 178 : Ce qui compte le moins ne doit jamais prendre le pas sur ce qui compte le plus. **Bernard Saulnier**

Jour 179 : Une joie illusoire vaut souvent mieux qu'un vrai chagrin ! **René Descartes**

Jour 180 : Apprends à écrire tes blessures dans le sable et à graver tes joies dans la pierre. **Proverbe chinois**

Jour 181 : Le bonheur vous appartient quand, ce que vous pensez, ce que vous dites et ce que vous faites sont en harmonie. **Mahatma Gandhi**

Jour 182 : Bienheureux les pacifiques qui, évitant la malveillance, l'orgueil et l'hypocrisie, pratiquent

la compassion, l'humilité,
et l'amour. **Bouddha**

Jour 183 : La paix est déjà là :
en avançant, à chaque pas, une
fleur s'épanouit sous nos pieds.
Thich Nhat Hanh

Jour 184 : L'homme qui a l'âme
en paix n'est importun ni à lui-
même ni aux autres. **Épicure**

Jour 185 : Tu peux, à l'heure
que tu veux, te retirer en toi-
même. Nulle retraite n'est plus
tranquille ni moins troublée pour
l'homme que celle qu'il trouve en
son âme. **Marc Aurèle**

Jour 186 : La vie est vraiment simple, mais nous insistons pour la rendre compliquée.
Confucius

Jour 187 : Pour t'élever de terre, homme, il te faut deux ailes : la pureté du cœur et la simplicité.
Pierre Corneille

Jour 188 : Vouloir libère.
Friedrich Nietzsche

Jour 189 : Dans la mesure où nous simplifions notre vie, l'univers nous apparaît moins compliqué. **Henry D. Thoreau**

Jour 190 : La simplicité est la clé du bonheur dans le monde moderne. **Dalaï Lama**

Jour 191 : Soyez content de votre sort, ami, c'est là la sagesse. **Horace**

Jour 192 : La sagesse ne se mesure pas à ce que nous avons vécu mais ce que nous sommes capables de vivre. **Shaw**

Jour 193 : Sage est celui qui garde son calme dans le malheur, ne s'enorgueillit pas dans l'aisance, ne se montre pas lâche dans le danger. **Kathâs**

Jour 194 : Celui qui cherche la sagesse est un sage, celui qui croit l'avoir trouvée est un fou. **Sénèque**

Jour 195 : On ne reçoit pas la sagesse. Il faut la trouver soi-même après un trajet que personne ne peut ni faire pour nous, ni nous épargner. **Marcel Proust**

Jour 196 : Du courage je n'en ai guère, mais j'agis comme si j'en avais, ce qui revient peut-être au même. **Gustave Flaubert**

SEMAINE 29

Jour 197 : Dans la noirceur de l'épreuve, ne t'arrête pas au désespoir. De l'autre côté du

tunnel, tu retrouveras la lumière.
Denis St-Pierre

Jour 198 : Le courage du faible
est d'une autre qualité, souvent
meilleure, que celui du fort.
Yi King

Jour 199 : Face à la roche, le
ruisseau l'emporte toujours, non
pas par la force mais par la
persévérance. **H. Jackson Brown**

Jour 200 : Je ne suis pas
tellement intelligent,
mais je me concentre sur les
problèmes plus longtemps.
Albert Einstein

Jour 201 : Ne laissez jamais hier
vous empêcher de vraiment
profiter d'aujourd'hui.
Will Rogers

Jour 202 : Vois un monde dans un grain de sable et un paradis dans une fleuve sauvage, retiens l'infini dans la paume de ta main et l'éternité dans l'heure présente. **William Blake**

Jour 203 : L'avenir nous tourmente, le passé nous retient, et c'est pour cela que le présent nous échappe. **Gustave Flaubert**

SEMAINE 30

Jour 204 : Ayez une vie bonne et honorable, alors quand vous serez plus vieux et que vous regarderez en arrière, vous serez capable de goûter les joies de vos moments passés une seconde fois. **Dalaï Lama**

Jour 205 : Regretter les expériences que l'on a connues, c'est arrêter notre propre développement ; les nier, c'est mettre un mensonge sur les lèvres de sa propre vie. Ce n'est rien de moins que le reniement de l'âme. **Oscar Wilde**

Jour 206 : Ça va mal. Mais quand ce sera pire. On regrettera le temps. Où ça n'allait pas bien ! **Jacques Faisant**

Jour 207 : Aime la vie intensément et tu n'auras plus de temps pour la haine, le regret ou la peur. **Karen Salmansohn**

Jour 208 : Qui craint de souffrir, souffre déjà ce qu'il craint. **Montaigne**

Jour 209 : Chaque moment difficile a le potentiel d'ouvrir mes yeux et mon cœur.
Myla Kabat-Zinn

Jour 210 : Les mots ont le pouvoir de détruire ou de guérir. Lorsqu'ils expriment la vérité et la compassion, ils peuvent transformer le monde dans lequel nous vivons. **Bouddha**

SEMAINE 31

Jour 211 : L'un des moyens les plus évidents, les plus faciles et les plus efficaces de plaire aux gens, c'est de retenir leur nom et leur faire sentir leur importance.
Dale Carnegie

Jour 212 : L'art de vivre, c'est la relation ; sans relation il n'est pas de vie. **Jiddu Krishnamurti**

Jour 213 : Ce que tu ne veux pas pour toi, ne le fais pas à ton prochain. **Platon**

Jour 214 : Le pardon libère l'âme, il fait disparaître la peur. C'est pourquoi le pardon est une arme si puissante.
Nelson Mandela

Jour 215 : Pardonner ne signifie pas oublier, mais nous donner le droit de garder notre cœur ouvert et recevoir de l'amour, au lieu de succomber aux feux destructeurs de la colère et de la haine.
Principe bouddhiste

Jour 216 : Il n'est pas certain

que tout soit certain.
Blaise Pascal

Jour 217 : Les gens qui veulent fortement une chose sont presque toujours bien servis par le hasard. **Balzac**

Jour 218 : La vie de l'homme dépend de sa volonté ; sans volonté, elle serait abandonnée au hasard. **Confucius**

Jour 219 : La chance sourit aux audacieux.
Virgile

Jour 220 : La chance n'est rien d'autre que la rencontre de

l'opportunité et de l'attention.
Deepak Chopra

Jour 221 : Le serpent qui ne peut changer de peau meurt. Il en va de même des esprits que l'on empêche de changer d'opinion, ils cessent d'être esprit. **Friedrich Nietzsche**

Jour 222 : Quand on désire savoir, on interroge. Quand on veut être capable, on étudie. Revoyez sans arrêt ce que vous savez déjà. Étudiez sans cesse du nouveau. Alors vous deviendrez un Maître. **Confucius**

Jour 223 : Je cherche uniquement une science qui traite de la connaissance de soi et qui m'enseigne comment bien vivre. **Montaigne**

Jour 224 : La colère déforme même le plus beau des visages et lui donne des airs de cauchemar. Pensez-y la prochaine fois que vous perdrez votre calme.
Hervé Desbois

Jour 225 : Chaque coup de colère est un coup de vieux ; chaque sourire est un coup de jeune. **Proverbe chinois**

Jour 226 : Faites disparaître les objets inutiles. À votre insu, ils encombrent souvent autant votre espace que votre tête.
Dominique Glocheux

Jour 227 : Les humbles travaux quotidiens, la simplicité de la vie, les modestes joies qu'on se tisse

dans la couleur du temps qui passe, tout cela ressemble étrangement au bonheur.
Ève Belisle

Jour 228 : Accordons à notre esprit des moments de calme. De ce profond silence jailliront les plus beaux fruits : paix, joie et douceur. **Frederic Lenoir**

Jour 229 : Dans le tumulte de la vie, réservez-vous des îlots de calme. **Hervé Desbois**

Jour 230 : Laissez le mental couler comme l'eau. Fait face à la vie avec un esprit calme et tranquille et tout dans la vie sera calme et tranquille.
Thich Thien-An

Jour 231 : Ne pas être capable de m'empêcher de penser est une

affliction terrible, mais nous ne réalisons pas cela parce que presque tout le monde souffre de cela, il est considéré comme normal. Cet incessant bruit mental vous empêche de trouver ce Royaume de calme intérieur qui est indissociable de l'être.
Eckhart Tolle

SEMAINE 34

Jour 232 : Soyez comme l'eau de la rivière dont le calme apparent cache une grande force.
Hervé Desbois

Jour 233 : Le contentement apporte le bonheur, même dans la pauvreté. Le mécontentement apporte la pauvreté même dans la richesse.
Confucius

Jour 234 : Celui qui sait se satisfaire aura toujours le nécessaire. **Lao-Tseu**

Jour 235 : Heureux est l'homme qui s'endort en se disant qu'il a fait ce qu'il pouvait faire. **Bhagavad-Gita**

Jour 236 : Ce qui te manque, cherche-le dans ce que tu as. **Koan Zen**

Jour 237 : Le contentement se lit dans les yeux, dans le maintien, dans l'accent, dans la démarche, et semble se communiquer à celui qui l'aperçoit. **Jean-Jacques Rousseau**

Jour 238 : Si tu n'as pas tout ce que tu veux, réjouis-toi de ne pas avoir tout ce que tu ne veux pas. **Oscar Wilde**

Jour 239 : Très peu est nécessaire pour avoir une vie heureuse ; tout est en vous, dans votre façon de penser.
Marc-Aurèle

Jour 240 : J'étais furieux de n'avoir pas de souliers, alors j'ai rencontré un homme qui n'avait pas de pieds, et je me suis trouvé content de mon sort.
Proverbe chinois

Jour 241 : Plus nous dépensons de gaîté et de bonne humeur, plus il nous en reste. Si vous voulez que la vie vous sourie, apportez-lui d'abord votre bonne humeur. **Baruch Spinoza**

Jour 242 : Je m'engage à ne plus me manquer de respect. Chaque fois qu'une pensée autocritique me vient à l'esprit, je pardonne le jugement et poursuit ce commentaire avec des paroles de louange, d'acceptation de soi et d'amour. **Miguel Ruiz**

Jour 243 : Le monde ne vous donnera jamais la valeur que vous vous donnez vous-même.
Joseph Murphy

Jour 244 : Dès l'instant où vous aurez foi en vous-même, vous saurez comment vivre.
Johann Wolfgang Von Goethe

Jour 245 : Ne laisse jamais personne te dire ce dont tu n'es pas capable. C'est à toi de choisir et de vivre ta vie.
Laurent Gounelle

Jour 246 : Là où règnent force intérieure et confiance en soi disparaissent méfiance, peur et doute. **Dalaï-Lama**

Jour 247 : Croyez en vous et un jour viendra où les autres n'auront pas d'autre choix que de croire en vous. **Cynthia Kersey**

Jour 248 : Chaque personne et tous les événements de votre vie sont là parce que vous les avez attirés. Ce que vous choisissez de faire avec eux vous appartient. **Richard Bach**

Jour 249 : Ce n'est pas le fait d'être aimé par quelqu'un qui guérit notre guerre civile intérieure, c'est d'être aimé par

soi-même, de s'accepter, de la racine à la cime.
Placide Gaboury

Jour 250 : Ce contretemps, cette inquiétude, tout ce qui arrive si je l'accueille, va me permettre de progresser. **Arnaud Desjardins**

Jour 251 : Aimez tout le monde. Faites confiance à quelques-uns. Ne faites du tort à personne.
William Shakespeare

Jour 252 : Tous les hommes pensent que le bonheur se trouve au sommet de la montagne alors qu'il réside dans la façon de la gravir. **Confucius**

Jour 253 : N'essaie pas d'être un homme de succès, essaie plutôt de devenir un homme de valeur.
Albert Einstein

Jour 254 : Je ne perds jamais. Soit je gagne, soit j'apprends.
Nelson Mandela

Jour 255 : Nous réalisons que ce que nous accomplissons n'est qu'une goutte d'eau dans l'océan des besoins, mais une goutte d'eau qui aurait manqué à l'océan si elle n'avait pas été là.
Mère Teresa

Jour 256 : Semez une idée, vous récolterez un acte. Semez un acte, vous récolterez une habitude. Semez une habitude,

vous récolterez un caractère.
Semez un caractère, vous
récolterez un destin.
Chef des Amérindiens Shawnee

Jour 257 : Le pessimiste se
plaint du vent, l'optimiste espère
qu'il change, le réaliste ajuste ses
voiles. **William A. Ward**

Jour 258 : Écouter la forêt qui
pousse plutôt que l'arbre qui
tombe. **Friedrich Hegel**

Jour 259 : Votre succès et votre
bonheur reposent en vous-
mêmes. Prenez la résolution de
rester heureux, et votre joie
formera un véritable bouclier
contre les difficultés.
Hellen Keller

Jour 260 : Les plus belles années d'une vie sont celles que l'on n'a pas encore vécues.
Victor Hugo

Jour 261 : Envoyez des messages optimistes et valorisants. De confiance, paix, sérénité, réconfort, énergie. Votre subconscient enregistre.
Dominique Clocheux

Jour 262 : Je compare la vie aux cordes d'un instrument de musique, qu'il faut tendre et relâcher pour qu'elles rendent un son plus agréable. **Démophile**

Jour 263 : Que la force me soit donnée de supporter ce qui ne peut êtrc changé et le courage de

changer ce qui peut l'être, mais aussi la sagesse de distinguer l'un de l'autre.
Marc Aurèle

Jour 264 : Lâcher prise c'est libérer l'image et les émotions, les rancœurs et les peurs, les attachements et déceptions du passé qui assombrissent notre esprit. **Jack Kornfiels**

Jour 265 : Il y a de grand changement à vivre une fois que vous apprendrez le pouvoir du lâcher-prise. Arrêter de permettre à n'importe qui ou quoi que ce soit de contrôler, limiter, réprimer ou de vous décourager d'être votre véritable soi ! Aujourd'hui est le vôtre à façonner, possédez-le, libérez-vous des gens et des choses qui empoisonne ou dilue votre esprit.
Steve Maraboli

Jour 266 : Il ne peut y avoir d'échec pour celui qui continue la lutte. **Napoléon Hill**

SEMAINE 39

Jour 267 : le seul chemin qui mène immanquablement à l'échec est celui qui consiste à vouloir plaire à tout le monde. **Benjamin Franklin**

Jour 268 : Si le problème a une solution, il ne sert à rien de s'inquiéter. Mais s'il n'en a pas, alors s'inquiéter ne change rien. **Bouddha**

Jour 269 : Le risque, c'est la vie même. On ne peut risquer que sa vie. Et si on ne la risque pas, on ne vit pas. **Amélie Nothomb**

Jour 270 : Tout organisme pour s'adapter doit innover, évoluer et tenter une aventure hors de la norme, engendrer de l'anormalité afin de voir si ça marche, car vivre, c'est prendre un risque. **Boris Cyrulnik**

Jour 271 : Vint un temps où le risque de rester à l'étroit dans un bourgeon était plus douloureux que le risque d'éclore. **Anaïs Nin**

Jour 272 : Le succès n'est pas la clé du bonheur. Le bonheur est la clé du succès. Si vous aimez ce que vous faites, vous allez réussir. **Albert Schweitzer**

Jour 273 : Ose rêver. Ose essayer. Ose te tromper. Ose avoir du succès. **Kingsley Ward**

Jour 274 : Le point de départ de tous succès est le désir. Garder cela constamment à l'esprit. Un faible désir apporte des résultats faibles, tout comme un petit feu produit une petite quantité de chaleur. **Napoléon Hill**

Jour 275 : Les conditions essentielles pour réussir sont la patience et la certitude du succès.
John Davidson Rockefeller

Jour 276 : Les gens d'accomplissement s'assoient rarement sur leur laurier en laissant les choses leur arriver. Ils sortent et font arriver les choses. **Leonardo da Vinci**

Jour 277 : Le succès arrive généralement à ceux qui sont passionnés et donc trop occupés pour le chercher.
Henry David Thoreau

Jour 278 : Rien n'a changé sauf mon attitude. C'est pour cela que tout a changé. **Anthony de Mello**

Jour 279 : Rien n'est plus fatiguant qu'un travail dont on repousse continuellement la réalisation. **William James**

Jour 280 : Celui qui dirige les autres est peut-être puissant, mais celui qui s'est maîtrisé lui-même a encore plus de pouvoir.
Lao-Tseu

Jour 281 : Ce n'est pas en jetant une habitude par la fenêtre qu'on s'en débarrasse, mais en la poussant pas à pas vers la sortie.
Sagesse chinoise

Jour 282 : Marchons en bavardant avec Cioran rue de l'Amertume, pour nous rendre place de la Déception, et finir ensuite dans le jardin de la Tristesse. Là, ça ira mieux : on pourra commencer à vraiment comprendre ce qui nous arrive, et passer à autre chose : emprunter le passage de l'Acceptation, nous balader avenue de l'Action.
Christophe André

Jour 283 : Soyez les poètes de votre vie. Osez chaque jour mettre du bleu à votre regard, de l'orange au bout de vos doigts, un sourire dans votre écoute et surtout, surtout, de la tendresse dans chacun de vos gestes. **Jacques Salomé**

Jour 284 : Mieux on remplit sa vie, moins on craint de la perdre. **Alain**

Jour 285 : Car une chose est certaine : au terme de la vie, nous perdrons tout. Alors autant tout lui donner. Autant considérer la santé des enfants, notre propre santé, nos amis, comme des cadeaux immenses et non comme un dû. En somme, la gratitude, c'est revisiter tout ce que l'on reçoit avec une liberté nouvelle et en profiter encore plus, sans s'accrocher, sans s'agripper. **Alexandre Jollien**

Jour 286 : Méditer, ce n'est pas se couper du monde, mais se relier à lui avec encore plus de conscience, et donc encore plus d'amour et de gratitude. Certes, on se met souvent à l'écart pour apprendre à méditer, ou pour approfondir sa pratique, mais la finalité de la méditation, c'est d'aimer le monde et de mieux l'habiter. **Christophe André**

Jour 287 : Il est tellement important de laisser certaines choses disparaître. De s'en défaire, de s'en libérer. Il faut comprendre que personne ne joue avec des cartes truquées. Parfois on gagne, parfois on perd. N'attendez pas que l'on vous rende quelque chose, n'attendez pas que l'on comprenne votre amour. Vous devez clore des cycles, non par fierté, par orgueil ou par incapacité, mais simplement parce que ce qui précède n'a plus sa place dans

votre vie. Faites le ménage,
secouez la Poussière, fermez la
porte, changez de disque. Cessez
d'être ce que vous étiez et
devenez ce que vous êtes.
Paulo Coelho

SEMAINE 42

Jour 288 : Sans persévérance
vous échouerez avant d'avoir
commencé. **Napoleon Hill**

Jour 289 : La méditation c'est
une conscience claire de tout
événement, un souffle apaisé,
Un accord avec le monde.
Blaise Pascal

Jour 290 : Faites que la beauté
reste, que la jeunesse demeure,
que le cœur ne se puisse lasser

et vous reproduirez le ciel.
François-René de Chateaubriand

Jour 291 : Ce n'est pas en regardant la lumière qu'on devient lumineux, mais en plongeant dans son obscurité. Mais ce travail est souvent désagréable donc impopulaire.
Carl Gustav Jung

Jour 292 : Tu es comme une bague : un bijou précieux, unique. En tant que tel, seul peut t'estimer un véritable expert. Pourquoi exiger du premier venu qu'il découvre ta vraie valeur ?
Jorge Bucay

Jour 293 : L'argent n'est ni bon ni mauvais en soi, il n'est qu'une forme d'énergie. Comme l'amour ou la peur, il peut vous servir ou vous asservir, dépendant de la façon dont vous le gérez. En clarifiant vos buts et en utilisant vos talents, vous pouvez bien gagner votre vie, faire ce qui vous plaît et ainsi répondre à l'appel le plus élevé de votre âme. En utilisant l'argent sagement et judicieusement, vous faites fructifier la richesse matérielle et spirituelle de ce monde.

Dan Millman

Jour 294 : Quand vous vous levez le matin, remerciez pour la lumière matinale. Remerciez pour votre vie et votre force. Remerciez pour la nourriture et pour la joie de vivre. Et si vous ne voyez aucune raison de remercier, soyez assuré que la faute vient de vous.

Tecumseh, chef des Indiens Shawnee

Jour 295 : Si tu as fait le maximum, tu n'as plus qu'à attendre tranquillement.
Proverbe japonais

Jour 296 : Si vous aidez les autres, vous serez aidé, vous aussi. Peut-être demain, peut-être dans dix ans, mais vous serez aidé ! L'univers paie toujours sa dette.
George Gurdjieff

Jour 297 : Un homme n'est jamais aussi grand que lorsqu'il est à genoux pour aider un enfant.
Pythagore

Jour 298 : Nul ne peut être heureux s'il ne jouit de sa propre estime. **J.J.Rousseau**

Jour 299 : Le plaisir est le bonheur des fous. Le bonheur est le plaisir des sages.
Barbey d'Aurevilly

Jour 300 : Le disciple en vous, c'est ce qui se lève et qui va rester stable.
Arnaud Desjardins

Jour 301 : Le contrôle de soi est la plus grande vertu. **Sivananda**

SEMAINE 44

Jour 302 : J'attise une flamme en moi ... Mon cœur est l'âtre, la

flamme est le soi dompté.
Sumyultanikaya

Jour 303 : La volonté de l'homme peut intervenir dans son karma et le transformer.
Taiser Deshimaru

Jour 304 : Éliminez quelque chose de superflu de votre vie. Brisez une habitude. Menez une action avec une attention et une intensité complètes, comme si c'était votre dernière action.
Piero Ferruci

Jour 305 : Je cultive le sol qui fait pousser ma nourriture. Je partage la création, les rois ne peuvent rien faire de plus.
Vieux proverbe chinois

Jour 306 : Laissez toujours suffisamment de temps dans

votre vie pour faire quelque chose qui vous rend heureux. Cela a plus d'effet sur votre bien-être que tout autre facteur. **Paul Hawken**

Jour 307 : La richesse superflue ne permet d'acheter que du superflu. L'argent n'est pas nécessaire pour acheter la moindre nécessité de l'âme. **Henry David Thoreau**

Jour 308 : Gagner cent victoires en cent batailles n'est pas le sommet de l'habilité. Soumettre l'ennemi sans combattre, voilà le sommet de l'habilité. **Sun Tzu**

SEMAINE 45

Jour 309 : Nous ne sommes pas troublés par les choses, mais par

les opinions que nous en avons.
Épictète

Jour 310 : Votre esprit
ressemblera à ses pensées
habituelles, car l'âme prend
la couleur de ses pensées.
Marc Aurèle

Jour 311 : La méditation n'est
pas un moyen en vue d'une fin.
C'est à la fois le moyen et la fin.
Krishnamurti

Jour 312 : Aux jours de bonheur
sois heureux ; aux jours de
malheurs, réfléchis.
L'Ecclésiaste

Jour 313 : Être heureux en
amour, c'est avoir dépassé
l'inquiétude de
l'amour. **Maeterlinck**

Jour 314 : S'abandonner, c'est lâcher prise, abandonner le contrôle et laisser arriver.
Stella Resnick, thérapeute

Jour 315 : Un grand amour est capable, à la fois, de saisir et lâcher prise. **O.R. Orage**

SEMAINE 46

Jour 316 : Maître de ton corps, de ta parole et de ton esprit, tu jouiras d'une parfaite sérénité.
Shabkar

Jour 317 : Nous devrions chaque matin avoir pour première pensée le désir de consacrer la journée qui commence au bien-être de tous.
Dilgo Khyentsé Rinpotché

Jour 318 : Tous ceux qui sont malheureux le sont pour avoir cherché leur propre bonheur ; tous ceux qui sont heureux le sont pour avoir cherché le bonheur d'autrui.
Shantideva

Jour 319 : Laissez donc vos pensées négatives traverser votre conscience comme les nuages traversent le vide du ciel.
Jack Kornfield

Jour 320 : C'est notre esprit et lui seul qui nous enchaîne ou nous libère.
Dilgo Khyentsé Rinpotché

Jour 321 : Passer du temps, tous les jours, seul avec soi-même, est un "acte radical d'amour. **Jon Kabat-Zinn**

Jour 322 : Le plus important, c'est de toujours espérer le meilleur mais d'être préparé pour le pire. **David Spiegel**

SEMAINE 47

Jour 323 : Il faut savoir que les choses sont sans espoir et tout faire pour les changer.
Rainer Maria Rilke

Jour 324 : Il faut peiner et lutter jusqu'au bout, nager dans la rivière en étant à la fois porté et emporté par elle, et accepter d'avance l'issue qui est de sombrer au large.
Marguerite Yourcenar

Jour 325 : Il faut éliminer les problèmes dès le début de leur apparition tant qu'ils sont encore simples. **Lao Tseu**

Jour 326 : Devenir conscients de ce que nous sommes, au lieu d'accepter ce qu'on nous en dit. **Krishnamurti**

Jour 327 : Celui qui sait écouter deviendra celui qu'on écoute. **V. Ptahhotep**

Jour 328 : L'unique but de la vie est d'en avoir entièrement conscience au fur et à mesure qu'elle s'écoule. (...) Seuls ceux qui ont acquis l'art de savoir profiter du moment présent ont intérêt à faire des projets d'avenir, car lorsque ceux-ci se réaliseront, ils sauront en jouir. **Allan Watts**

Jour 329 : Si tu ne peux marcher sur l'eau, si tu n'es pas plus habile qu'une paille, si tu ne peux voler dans les air, tu n'es pas plus habile qu'une mouche, conquiers ton cœur, alors tu deviendras quelqu'un.
Soufi Ansaro Ansâri

SEMAINE 48

Jour 330 : Le sable de la mer, les gouttes de la pluie, les jours de l'éternité, qui peut les dénombrer ? La hauteur du ciel, l'étendue de la terre, la profondeur de l'abîme, qui peut les explorer ? Mais avant toute chose fut créée la Sagesse.
L'Ecclésiastique

Jour 331 : La sagesse suprême, c'est d'avoir des rêves assez grands pour ne pas les perdre du regard tandis qu'on les poursuit. **William Faulkner**

Jour 332 : Celui qui se livre à des méditations claires trouve rapidement la joie dans tout ce qui est bon. ; il voit que les richesses et la beauté sont impermanentes et que la sagesse est le plus précieux des joyaux. **Bouddha**

Jour 333 : Cherche la vérité dans la méditation et non continuellement dans les livres moisis ; celui qui veut voir la lune regarde le ciel et non l'étang. **Proverbe persan**

Jour 334 : Combien de fois abandonnons-nous notre chemin, attirés par l'éclat trompeur du chemin d'à côté. **Paulo Coelho**

Jour 335 : Nous cherchons toujours à jeter un pont entre ce qui est et ce qui devrait être, et par là, nous donnons naissance à un état de contradiction et de conflit où se perdent toutes les guerres. **Krishnamurti**

Jour 336 : Si nous nous trouvons tellement à l'aise dans la pleine nature, c'est qu'elle n'a pas d'opinion sur nous. **Friedrich Nietzsche**

SEMAINE 49

Jour 337 : Un homme sage ne se laisse gouverner, ni ne cherche à gouverner les autres ; il ne faut pas être au-dessus des hommes, il faut être avec eux. **Montesquieu**

Jour 338 : Celui qui aime la gloire met son bonheur dans les émotions des autres ; celui qui aime le plaisir met son bonheur dans ses propres penchants ; mais l'homme intelligent le place dans sa propre conduite.
Marc Aurèle

Jour 339 : Ne crains pas de rester méconnu des hommes ; crains plutôt de les méconnaître toi-même. **Confucius**

Jour 340 : Pour être heureux, il faut essayer de vivre chaque minute au charme que nous lui trouverons lorsqu'elle ne sera plus qu'un souvenir.
Henri Troyat

Jour 341 : Il est bien de franchir chaque jour une étape, comme l'eau vive qui ne stagne pas. Hier

s'est enfui, l'histoire d'hier elle aussi est passée. Il convient aujourd'hui de conter une nouvelle histoire.
Djalâl Al-Dîn Rûmi

Jour 342 : On ne peut oublier le temps qu'en s'en servant.
Charles Baudelaire

Jour 343 : Nous parlons de tuer le temps comme si, hélas ! ce n'était pas lui qui nous tuait.
Alphonse Allais

SEMAINE 50

Jour 344 : Les heures sont longues et la vie est brève.
Fénelon

Jour 345 : Impose ta chance, serre ton bonheur et va vers ton risque. À te regarder, ils s'habitueront. **René Char**

Jour 346 : Si quelqu'un vous donne une belle opportunité mais que vous n'êtes pas qualifié pour, acceptez-la. Vous apprendrez après. **Richard Branson**

Jour 347 : Quoi que tu rêves d'entreprendre, commence-le. L'audace a du génie, du pouvoir, de la magie.
Johann Wolfgang von Goethe

Jour 348 : La vie est un risque. Si tu n'a pas risqué, tu n'as pas vécu. C'est ce qui donne… un goût de champagne.
Sœur Emmanuelle

Jour 349 : Nous sommes tous des farceurs, nous survivons à nos problèmes. **Emil Cioran**

Jour 350 : Si l'on bâtissait la maison du bonheur, la plus grande pièce serait la salle d'attente. **Jules Renard**

SEMAINE 51

Jour 351 : La sobriété est une option heureuse qui produit une vie allégée, tranquille et libre. Le bonheur n'est pas dans la possession, dans l'avoir, mais dans l'être. **Pierre Rabhi**

Jour 352 : Quand vous dites « oui » aux autres, assurez-vous que vous ne dites pas « non » à vous-même. **Paulo Coelho**

Jour 353 : Hier, j'étais intelligent et je voulais changer le monde. Aujourd'hui, je suis sage et je me

change moi-même.
Djalâl Al-Dîn Rûmi

Jour 354 : Le plus grand explorateur sur cette terre ne fait pas d'aussi longs voyages que celui qui descend au fond de son cœur. **Julien Green**

Jour 355 : Ceux qui n'apprennent rien des faits désagréables de leurs vies, forcent la conscience cosmique à les reproduire autant de fois que nécessaire, pour apprendre ce qu'enseigne le drame de ce qui est arrivé. Ce que tu nies te soumet. Ce que tu acceptes te transforme. **Carl Gustav Jung**

Jour 356 : La nature est éternellement jeune, belle et généreuse. Elle verse la poésie et la beauté à tous les êtres, à

toutes les plantes, qu'on laisse s'y développer à souhait.
Elle possède e secret du bonheur, et nul n'a su le lui ravir.
George Sand

Jour 357 : Croyez aux rêves, car en eux se cache la porte de l'éternité. **Khalil Gibran**

SEMAINE 52

Jour 358 : Restez avec un amour qui vous donne des réponses et non des problèmes, de la sécurité et non de la peur, de la confiance et non des doutes. **Paulo Coelho**

Jour 359 : Donne à ceux que tu aimes des ailes pour voler, des racines pour revenir et des raisons de rester. **Dalaï Lama**

Jour 360 : Si vous possédez une bibliothèque et un jardin, vous avez tout ce qu'il vous faut.
Cicéron

Jour 361 : La sagesse est à l'âme ce que la santé est au corps.
La Rochefoucauld

Jour 362 : Ne rien prévoir, sinon l'imprévisible. Ne rien attendre, sinon l'inattendu.
Christian Bobin

Jour 363 : Rappelez-vous que ne pas obtenir ce que vous voulez est parfois un merveilleux coup de chance. **Dalaï Lama**

Jour 364 : Aider l'autre, ça nous repose de soi. **Alexandre Jollien**

Jour 365 : En dépassant vos propres problèmes et en prenant soin des autres, vous acquérez la force intérieure, la confiance en vous, le courage, et un plus grand sentiment de calme.
Dalaï Lama

TABLE DES MATIÈRES